SRA® Intervenciones tempranas de la lectura

Libro de actividades A

McGraw Hill SRA

Bothell, WA • Chicago, IL • Columbus, OH • New York, NY

MHEonline.com

SRA

Send all inquiries to:
McGraw-Hill Education
8787 Orion Place
Columbus, OH 43240

ISBN: 978-0-02-114640-6
MHID: 0-02-114640-3

Printed in the United States of America.

11 LKV 22

The McGraw·Hill Companies

Tabla de contenidos

Nombre

Lección 1

m

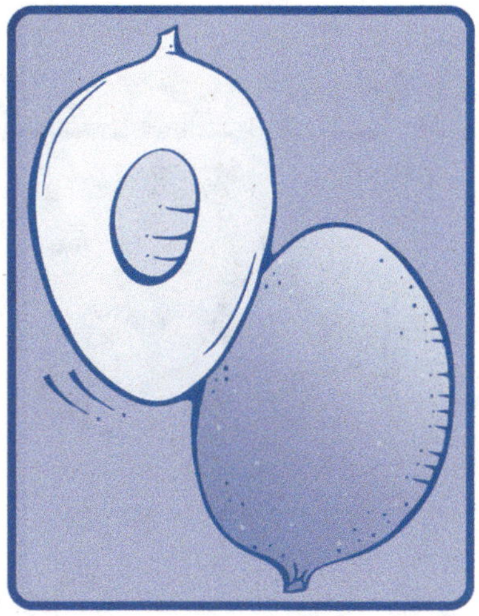

Actividad 5

m

m

Nombre

Lección 2

Mm

Actividad 1

M

M

Nombre________________________________

Lección 2

Actividad 3

Actividad 4

me me me me

Nombre ____________________

Lección 3

a

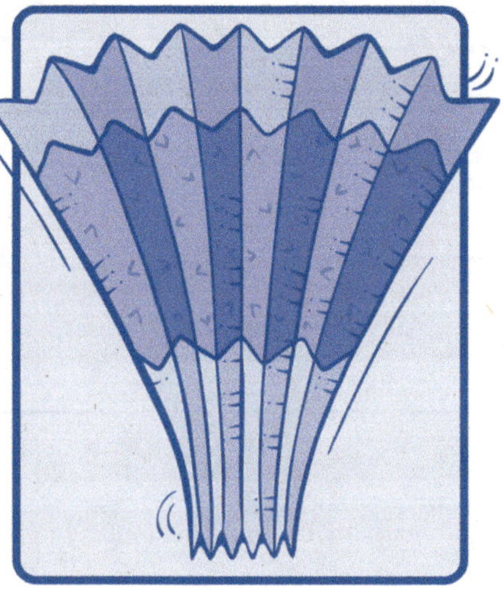

Actividad 3

a

a

Nombre

Lección 4

Aa

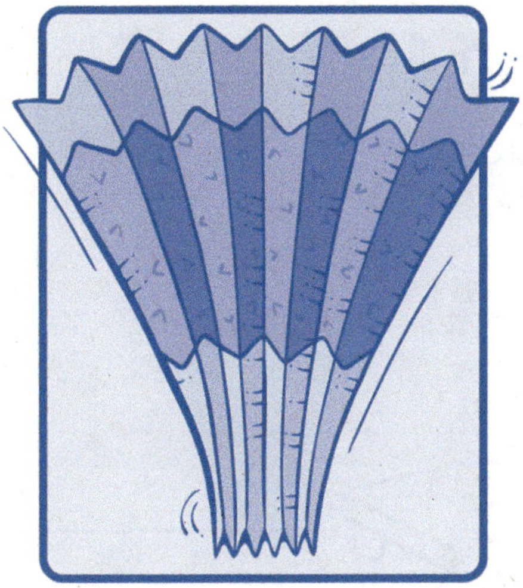

Actividad 2

A

A

Nombre________________________________

Lección 4

Actividad 6

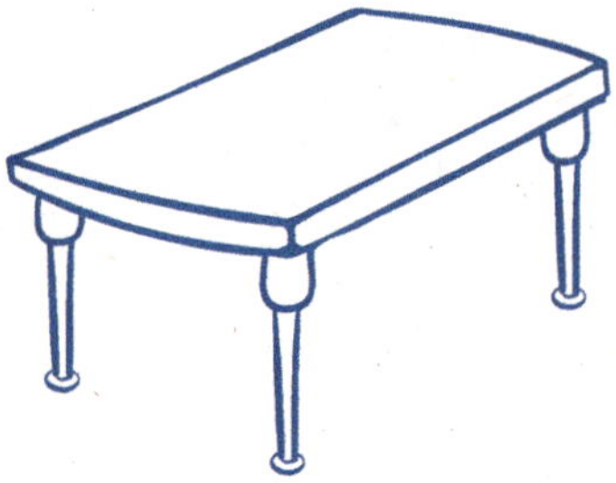

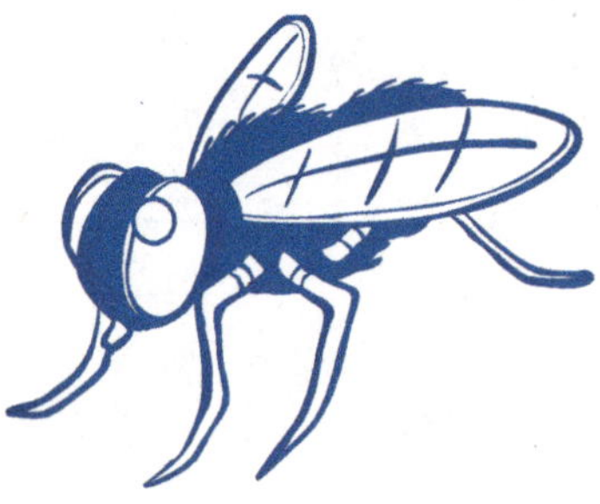

Nombre ____________________

Lección 5

Actividad 6

Actividad 8

Él

Él

Nombre

Lección 6

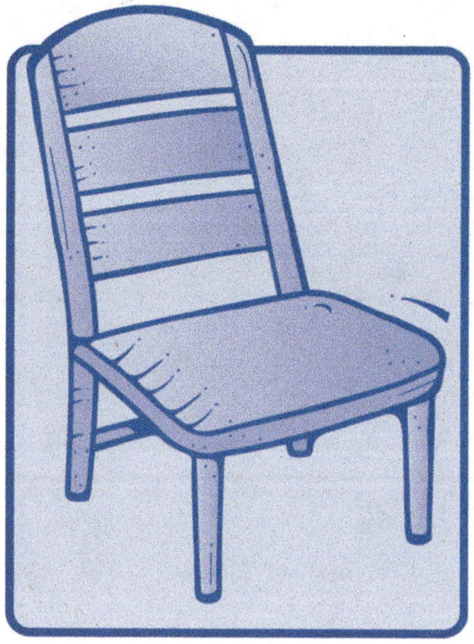

Ss

Actividad 3

s

s

S

S

Nombre ______

Lección 6

Actividad 4

Nombre

Lección 6

Actividad 5

él

él

Actividad 8

Nombre

Lección 7

Actividad 2

Actividad 6

mi

mi

Nombre ____________________

Lección 8

Actividad 2

Nombre

Lección 8

l

Actividad 3

l

l

Nombre____

Lección 9

Ll

Actividad 2

L

L

Nombre

Lección 10

Actividad 3

Actividad 4

Nombre

Lección 10

Actividad 6

ve

ve

Nombre

Lección 11

Pp

Actividad 2

p

p

P

P

Nombre

Lección 12

Actividad 2

Actividad 5

en

en

Nombre

Lección 13

n

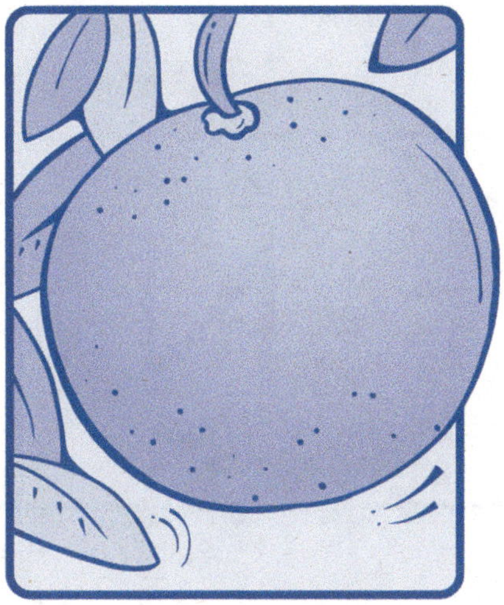

Actividad 6

n

n

Nombre ______________________________

Lección 14

N

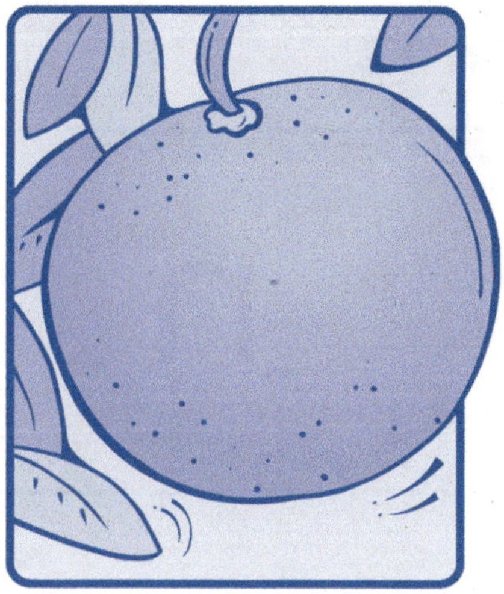

Actividad 1

N

N

Nombre

Lección 14

Actividad 5

es

es

esta

esta

Nombre______________________________

Lección 14

Actividad 7

mal

mala

sal

sala

la sala

papá

Nombre ____________________

Lección 15

Actividad 1

Actividad 2

m	n

Nombre

Lección 15

Actividad 7

de

de

Actividad 8

más

la

las

pan

Nombre

Lección 16

e

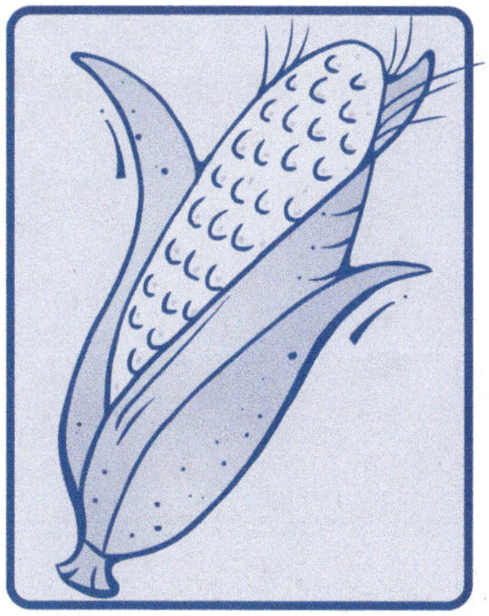

Actividad 4

e

e

Nombre______________________________

Lección 16

Actividad 6

las

más

Ana

Nombre________________________________

Lección 17

E

Actividad 2

E

E

Nombre

Lección 17

Actividad 3

Actividad 4

Nombre

Lección 17

Actividad 7

sal

Ana

sala

sale

Nombre

Lección 18

d

Actividad 6

d

d

Actividad 7

Nombre

Lección 19

D

Actividad 1

D D D D D

D

Nombre ______________________________

Lección 19

Actividad 2

Nombre

Lección 19

Actividad 6

Actividad 7

ves

ves

Nombre

Lección 20

Actividad 1

Actividad 2

Nombre________________________________

Lección 20

Actividad 3

ala

pan

mes

lee

más

Nombre____

Lección 20

Actividad 6

Actividad 8

Si

si

Nombre____

Lección 21

Actividad 2

ma	sa	pa	la
na	da	me	se
pe	le	ne	de

Actividad 4

del	esa	
mes	lee	las
sed	das	

Nombre______________________________

Lección 21

Actividad 5

Actividad 7

y

Lala ______ Pepe

mamá ______ papá

Nombre ______________________

Lección 22

Actividad 3

Nombre____

Lección 22

Actividad 7

dame dama sale

nada Selena

espada semana

Actividad 8

den dan

ala esa

lee lea

Nombre

Lección 23

Actividad 1

Actividad 5

Ana	los	las
esa	oso	dos

Nombre ____________________

Lección 23

Actividad 6

sala   sale   loma

nada   mono   esta

melones

Actividad 8

Nombre

Lección 24

r

Actividad 3

r

r

Actividad 7

Mi

Nombre

Lección 25

Rr

Actividad 3

R

R

Actividad 4

Nombre

Lección 26

Actividad 3

u

Actividad 5

lora

Rosa

sala

rama

posa

Actividad 7

¿

Nombre

Lección 27

Cc

Actividad 2

c

c

C

C

Nombre ____________________

Lección 27

Actividad 5

Actividad 6

por	más
sol	oso
ola	ramo
pera	loro

Nombre

Lección 27

Actividad 7

n n n

d d d

p p p

s s s

Actividad 9

loro mesa

dónde mano

oro mono

sapo león

Nombre ______________________________

Lección 28

Actividad 3

casa

sala

memo

nada

mono

poco

cada

cosa

Actividad 4

Nombre

Lección 29

i

Actividad 3

i

i

Nombre ______________________

Lección 29

Actividad 5

ca co pa po

pe ra ro re

na no ne

Actividad 6

Nombre____

Lección 29

Actividad 8

caldo   Carla

comen   moneda

arena

Nombre

Lección 30

I

Actividad 1

Nombre________________________________

Lección 30

Actividad 4

das pie del oso

ama río Alí los

Actividad 5

deseo leer isla

solar salir comer

Nombre

Lección 30

Actividad 7

Nombre

Lección 31

Actividad 1

Actividad 3

su

su su su

Nombre____

Lección 31

Actividad 5

malo

rama

linda

eres

caer

comer

Nombre

Lección 32

Ff

Actividad 4

F

F

f

f

Nombre ______________________________

Lección 32

Actividad 7

de má s

mo ras

ca mi sa

co mi da

mer ca do

Nombre

Lección 33

Actividad 3

Actividad 4

coco

pone

cara

mira

olas

leer

Nombre

Lección 34

Actividad 1

Nombre

Lección 34

Gg

Actividad 4

G

G

g

g

Nombre____

Lección 34

Actividad 6

dra	dre	dri	dro
en	er	es	fa
fe	fo	fi	al
an	ar	as	ca
co	cle	clo	cla

Nombre ______________________________

Lección 34

Actividad 7

vende

Actividad 9

carne	día
mesa	pesca
sus	ríen
nada	oro

Nombre ______________________

Lección 35

Actividad 3

Actividad 4

fa fo fi fe pa pra

pe pre ro or ra ar

Nombre ____________________

Lección 35

Actividad 5

nada

solo

pone

coco

mesa

mesas

Nombre ____________________

Lección 35

Actividad 6

mercado

fresco

estofado

comida

pescado

paloma

animales

Nombre

Lección 36

Actividad 1

Nombre

Lección 36

Actividad 4

Nombre

Lección 37

t

Actividad 4

t

t

Nombre____

Lección 37

Actividad 6

gato

gata

amigo

lago

león

mira

gorila

deseas

Nombre

Lección 37

Actividad 7

Nombre________________________________

Lección 38

T

Actividad 3

T

T

Nombre ____________________

Lección 38

Actividad 4

sólo	desea	nado
nada	olas	mira
está	anima	

Actividad 7

Nombre

Lección 39

Actividad 1

Actividad 2

Nombre________________________________

Lección 39

Actividad 3

lago mira

leer está

sólo casa

toma osa

Actividad 5

¿

Actividad 6

Ll

Nombre

Lección 40

Uu

Actividad 4

u

u

U

U

Nombre____

Lección 40

Actividad 6

cola	sofá	gato
gana	para	piso
Tito	Tina	cómo
mira	posa	cara

Nombre

Lección 40

Actividad 7

están

Gastón

mangos

tareas

tengo

temas

dólar

dentista